Sei einzigartig!

Wie Sie als EPU erfolgreich werden.

Zeigen Sie wo Sie besser sind.

Auch Einzel- und Kleinunternehmer brauchen einen USP!

Franz Bauer

ISBN: 9781549768415

INHALT

EDITORAL

Zielgruppen, Nutzen, Mehrwert – das sind Begriffe, die immer wieder gepredigt werden, wenn es darum geht unsere Kunden zufrieden zu stellen. Wie schaffen wir es, zufriedene Kunden zu haben? Was müssen wir machen, um Nutzen bei unseren Kunden zu stiften, der auch noch einzigartig ist?

Wir müssen uns aktiv und intensiv mit den Bedürfnissen unserer Kunden auseinander setzen. Wir müssen wissen, warum Kunden bei uns kaufen (sollen) und nicht bei unseren Mitbewerbern. Dieses ebook zeigt Ihnen, wie Sie ausgehend von den Bedürfnissen und der genauen Kenntnis Ihrer Zielgruppe möglichst treffsicher zufriedene Kunden schaffen. Kunden, die wieder gern zu Ihnen kommen!

Sie werden sehen, dass Kunden nicht unbedingt Ihre Produkte wegen der technischen Features kaufen. Die meisten Kaufmotive haben mit der Befriedigung von Bedürfnissen zu tun. Wer die Bedürfnisse seiner Kunden besser versteht als die Konkurrenz, wird langfristig auf den heiß umkämpften Märkten überleben..

KUNDEN KAUFEN KEINE PRODUKTE
KUNDEN KAUFEN NUTZEN

Es sind nicht die objektiven Merkmale Ihres Produktes, die Kunden an Ihr Unternehmen binden und Sie zu Stammkunden machen. Ihre Kunden kaufen bei Ihnen, weil Sie Ihnen einen ganz bestimmten Nutzen durch Ihre Produkte geben.

Durch die Zielgruppendefinition und – analyse können Sie ganz gezielt Ihren Kunden den Nutzen Ihres Produktes durch geeignete Marketinginstrumente vermitteln.

Den Nutzen können Sie Ihren Kunden nur dann im Verkaufsgespräch vermitteln, wenn Sie die Produkteigenschaften, die Sie natürlich genau kennen müssen, in die Sprache des Kunden übersetzen können. Sie müssen erkennen, worauf Ihr Kunde besonderen Wert legt, nur so können Sie die Vorteile und Nutzen Ihres Produktes oder Ihrer Dienstleistung dem Kunden überzeugend in seine Sprache übersetzen.

BASIS ALLER ÜBERLEGUNGEN SIND DIE KUNDENBEDÜRFNISSE

Häufig werden im Zusammenhang mit Kundenbedürfnissen die technischen Merkmale oder die formale Beschreibung eines Produktes zuerst genannt. Nur für einen Technik-Freak ist die technische Ausgestaltung des Gerätes kaufentscheidend.

Der Großteil der Kunden möchte mit einem Produkt oder einer Dienstleistung seine Bedürfnisse befriedigen.

Die Kenntnis der Kundenbedürfnisse ist jedoch nicht nur für die physikalischen Merkmale eines Produktes wichtig, sondern auch für die Übersetzung der Merkmale in die Sprache des Kunden. Die Kundenbedürfnisse beeinflussen alle Elemente des Marketing-Mix. Neben dem Produkt mit seinen Merkmalen müssen genauso der Preis, die Distribution (Wie kommt das Produkt zum Kunden?), die Serviceleistungen und die Kommunikationsmittel (inklusive der verwendeten Sprache) von den Kundenbedürfnissen abgeleitet werden.

Man kann drei Gruppen von Bedürfnissen unterscheiden:

Basisbedürfnisse

Die Befriedigung der Basisbedürfnisse wird von den Kunden als Selbstverständlichkeit betrachtet. Von jedem Handy wird erwartet, dass man damit telefonieren und SMS verschicken kann.

Beschreibbare Bedürfnisse

Die Bedürfnisse können noch recht einfach formuliert werden. Es gibt bereits Produkte oder Dienstleistungen am Markt, die diese Bedürfnisse erfüllen. Von einem Laptop-Akku wird erwartet, dass er eine bestimmte Anzahl von Stunden funktioniert.

Unbewusste Bedürfnisse

Wenn ein Produkt oder eine Dienstleistung Bedürfnisse befriedigt, die normalerweise von den Angeboten am Markt nicht erfüllt werden und den Kunden positiv überraschen, wenn sie erfüllt werden. Das könnten erweiterte Öffnungszeiten sein, wenn sonst alle Konkurrenten geschlossen haben.

Bedürfnisse können mit der Zeit die Bedürfniskategorie wechseln. Was bis vor kurzem noch überraschend war, kann in wenigen Monaten oder Jahren schon zu einer Selbstverständlichkeit werden.

Hinweis - Tipp

Die Basisbedürfnisse müssen erfüllt sein, sonst wird das Produkt oder die Dienstleistung schnell wieder vom Markt verschwunden sein.

Werden die beschreibbaren Bedürfnisse erfüllt, dann können Sie zumindest mit der Konkurrenz mithalten.

Aber erst die Erfüllung der unbewussten Bedürfnisse macht Sie am Markt erfolgreich!

NUTZEN IST NICHT GLEICH NUTZEN

Der Nutzen für den Kunden kann in den technischen Merkmalen des Produktes begründet sein (neue Technik, herausragende Qualität, ...).

Ebenso ist es möglich, dass Kunden in speziellen Serviceleistungen ihren Nutzen finden (Lieferservice, Kundendienst, Hotline, Beratung, ...).

Der konkrete Nutzen kann sich auch in finanziellem Nutzen widerspiegeln (Produktpreis, Wartungskosten, Lieferkosten, Zahlungsbedingungen, ...).

WAS NÜTZT MIR DAS PRODUKT? GRUNDNUTZEN – ZUSATZNUTZEN

Heute ist es oft nicht mehr möglich den Kunden nur durch den Grundnutzen zum Kauf eines Produktes zu bewegen. Um das Produkt tatsächlich verkaufen zu können, müssen auch ein oder mehrere Zusatznutzen geboten werden.

Hinweis

Jedes Produkt muss einen Grundnutzen aufweisen. Das ist der elementare Nutzen der ein bestimmtes Bedürfnis befriedigt. Ein Auto bietet Transportmöglichkeit, ein Radio Unterhaltung und Information, ein Waschmittel saubere Wäsche.

Der individuelle Mehrwert für den Kunden entsteht vor allem durch den Zusatznutzen, der dann auch die Differenzierung zur Konkurrenz darstellt. Der Zusatznutzen ist oft bei vergleichbaren Produkten oder Dienstleistungen das ausschlaggebende Kaufmotiv.

Es macht keinen Sinn das gleiche Produkt in gleicher Qualität, wie die Konkurrenz anzubieten. Sie müssen mit den Mitteln des Marketing dem Kunden erkennen lassen, dass Sie Nutzen auf andere, neue und bessere Art für den Kunden stiften.

Für Sie als UnternehmerIn bedeutet das nun, dass Sie wissen müssen welche Bedürfnisse der Kunde hat und in Zukunft haben wird.

Wenn Sie nun wissen, was der Kunde will, dann müssen Sie noch die Frage beantworten, warum der Kunde bei Ihnen und nicht bei der Konkurrenz kaufen soll.

Aber um herausfinden zu können, welche Bedürfnisse Ihre Kunden haben, müssen Sie möglichst viel über Ihre (potentiellen) Kunden wissen. Je besser Sie Ihre Zielgruppe kennen, umso besser können Sie deren Bedürfnisse befriedigen.

WARUM SIND ZIELGRUPPEN SO WICHTIG?

Großunternehmen sind sich in der Beurteilung einig, dass eine systematische und umfassende Analyse der Zielgruppen hilft besser im Wettbewerb zu bestehen und die Kundenbedürfnisse bedarfsgerecht und kostenoptimal zu befriedigen.

Im Kern gilt diese Aussage auch für KMUs. Erst eine genaue Kenntnis der Zielgruppe ermöglicht es Ihnen, diese auch gezielt anzusprechen.

Dies ist deswegen so wichtig, weil Sie damit jene Menschen – Ihre Kunden – ansprechen, die über Erfolg oder Misserfolg Ihres Unternehmens entscheiden.

Tipp

Je genauer Sie die Menschen, denen Sie Ihr Produkt oder Ihre Dienstleistung verkaufen wollen, kennen, umso besser können Sie deren Wünsche und Bedürfnisse befriedigen. Sie können zielgenaue Lösungen für die Probleme Ihrer Kunden anbieten.

Meine Zielgruppe sind alle im Umkreis von 100 km

Viele Händler, Handwerker oder Dienstleister definieren Ihren Kundenkreis mit sehr schwammigen Aussagen. Sie haben Angst davor, wenn Sie sich nicht an alle denkbar möglichen Kunden richten, dass sie dann zu wenig Umsatz machen würden.

Um aber langfristig am Markt bestehen zu können, ist ein konsequentes Orientieren an den Kundenbedürfnissen einer genau umrissenen Gruppe von Kunden nötig.

Ruinöser Preiskampf

Viel zu viele Unternehmen versuchen über den Preis Kunden zu gewinnen. Doch immer häufiger gehen Unternehmen in diesem Preiskampf zu Grunde. Kosteneinsparungen und Rationalisierungen haben ihre Grenzen, günstigere Einkaufspreise sind oft nicht mehr zu erreichen, die Qualität sinkt und schlussendlich bleiben die Kunden aus.

Produkte werden immer ähnlicher

Produkte und Dienstleistungen werden immer schneller von der Konkurrenz kopiert und auf den Markt gebracht. Die Produkte und Dienstleistungen werden immer vergleichbarer und austauschbarer.

Die Einstellung Ihrer Kunden zählt

Wenn Sie es schaffen bei Ihren Kunden eine positiv besetzte Einstellung über Ihre Leistungen und Produkte zu verankern, sich ein gutes „Image" aufzubauen, dann haben Sie schon einen wesentlichen Schritt geschafft.

Tipp
Nachhaltiger Erfolg ist nur möglich, wenn die Basis all Ihrer Bemühungen eine konsequente Ausrichtung auf die Bedürfnisse Ihrer klar definierten Zielgruppe ist.

WER SOLL IHRE PRODUKTE KAUFEN?

Merkmale nach denen Zielgruppen definiert werden können, gibt es wie Sand am Meer. Die Kunst liegt nun darin genau jene Zielgruppe mit genau jenen Merkmalen zu finden, die Ihre Kunden sein sollen. Es sind nicht alle Kunden gleich bedeutsam (Kaufkraft, Kaufhäufigkeit, Auftragswert, ...).

Wenn Sie Ihre Zielgruppen klar beschreiben können, dann haben Sie die Basis geschaffen für eine effiziente Bearbeitung der aktuellen und potentiellen Kunden.

Sie können Ihren Marketing-Mix nach den Vorstellungen Ihrer Zielgruppe gestalten und so Ihre Produkte, Ihre Preise, Ihre Vertriebswege und Kommunikationspolitik massschneidern. Sie erreichen dann Ihre Kunden schneller und besser.

Dadurch können Sie sich von Ihren Konkurrenten abheben und einen Wettbewerbsvorteil erzielen.

Aus der inhomogenen Masse der Marktteilnehmer werden Sie durch die Zielgruppendefinition jene potentiellen Kunden herausfinden, die Sie zu Ihren zufriedenen Kunden machen können, die auch gern wieder bei Ihnen kaufen werden.

Sei einzigartig!

Durch welche Merkmale unterscheiden sich Zielgruppen?

Ich werde Ihnen im Folgenden einen Überblick über die gängigsten Merkmale geben, damit Sie anschließend genau jenes Kriterienbündel zusammenstellen können, das für Sie am erfolgversprechendsten ist. Ergänzen Sie die Liste für Ihren typischen Kunden.

Demografische Merkmale
Alter – Einkommen - Beruf - Bildung - Nationalität

Geografische Merkmale
Staat – Region – Stadt – Land - Klima

Verhaltensweisen
Verwendungsgelegenheit – Kaufgelegenheit – Verwendungsrate – Kaufbereitschaft

Psychografische Merkmale
Life-Style – Werte – Interessen – Einstellungen – Bedürfnisse – Lebensphase – Qualitätsbewusstsein – Kostenbewusstsein - Umweltbewusstsein

Unternehmensspezifische und finanzielle Merkmale
Branche – Unternehmensgröße - Funktion oder Tätigkeitsschwerpunkt des Ansprechpartners – Kompetenz zu Entscheiden – Verfügbares Budget/Kaufkraft – Anzahl der Betriebsstätten/ Filialen - Kaufhäufigkeit - Auftragswert

Demografische Merkmale haben den großen Vorteil, dass sie leicht zu erhalten sind. Es lässt sich auch relativ leicht das Marktpotenzial abschätzen.

Klassisches Beispiel dafür sind die über 55-jährigen, die in Zukunft eine immer höhere Bedeutung als Kunden gewinnen werden.

Einstellungen von Kunden (Verhaltensweisen, psychografische Merkmale) sind ganz besonders im Privatkundenbereich als Beschreibungsmerkmale geeignet.

Einstellungen geben wertvolle Hinweise für die Ausgestaltung des Marketing-Mix. Hier lassen sich in bestimmten Marktnischen, die sonst vom Preis als kaufrelevantes Merkmal bestimmt sind, auch höhere Preise erzielen.

Allen Kriterien ist gemeinsam, dass sie Kunden am Markt aufspürbar und ansprechbar machen müssen. Je genauer Sie Ihre Kunden beschreiben können, umso genauer werden Sie Ihre Marketinginstrumente einsetzen können.

Tipp

Entwerfen Sie ein Bild eines typischen Zielgruppenvertreters. Denken Sie dabei auch an folgende Fragen:

Wo wohnt er?
Was ist er von Beruf?
Welche Hobbys hat er?
Wo verbringt er seine Freizeit?
Wie ist die familiäre Situation?
Wie ist die gesellschaftliche, soziale Situation?
Welche Probleme und Schwierigkeiten hat er?
Wo hält er sich am liebsten auf?
Welche Zeitungen, Zeitschriften liest er?
Welche Wünsche will er sich erfüllen?

Franz Bauer

ARBEITSBLATT – BESCHREIBEN SIE EINEN TYPISCHEN KUNDEN

Beschreiben Sie Ihren idealtypischen Kunden an konkreten Beispielen aus der Alltags- und Berufssituation des Kunden!

WELCHES KRITERIENBÜNDEL IST FÜR MICH OPTIMAL?

Sie kennen nun die wichtigsten Kriterien nach denen Zielgruppen definiert werden können. Nun wollen wir uns jenes Set an Kriterien auswählen, dass am besten zu Ihrem Produkt/Ihrer Dienstleistung passt.

Kaufentscheidungen fallen immer häufiger unter der Bedingung, dass die begrenzten Mittel sehr bewusst eingesetzt werden.

Diese begrenzten Mittel stehen aber einem immer größeren Angebot gegenüber, regionale Grenzen lösen sich durch den Handel im Internet auf.

Erfolgreiche Produkte und Dienstleistungen müssen immer mehr bestimmte Bedürfnisbündel und Lebensbereiche abdecken.

Die klassische demografische Zielgruppendefinition kann diesen Anforderungen nicht mehr gerecht werden. Viel bedeutsamer sind Bedürfnisbündel, bestimmte Lebenssituationen und spezifische Problemfelder.

Beim Ermitteln der Anforderungen, die der Kunde an Ihr Produkt/Ihre Dienstleistung stellt gilt es sich in die Persönlichkeit eines typischen Kunden zu versetzen.

Dem typischen Kunden sind ganz bestimmte Anforderungen wichtig. Es sind ganz bestimmte Leistungsbereiche von besonderer Bedeutung, ganz bestimmte Faktoren sind für die Zufriedenheit verantwortlich.

Es gilt hier aus der Vielzahl der Möglichkeiten jene Kombination herauszufinden, die insgesamt am wichtigsten für Ihren typischen Kunden ist. Beschränken Sie sich dabei auf eine Kombination der 5 wesentlichsten Kriterien und reihen Sie die Anforderungen nach der Wichtigkeit für Ihre Kunden.

Nun haben Sie ganz konkrete Anhaltspunkte an denen Sie Ihr Marketing-Mix ausrichten können.

Beispiel: Essen im Restaurant nach Salcher

Der Risikofreudige	Der auf Atmosphäre Wert legt
Männer und Frauen gleich	Männer und Frauen gleich
25 – 35 Jahre	30 – 50 Jahre, meistens verheiratet
Höhere Schulbildung	Lehre oder berufsbildende Schule
„Ich gehe gerne in neue, mir nicht bekannte Lokale, suche Spezialitäten"	„Gemütlichkeit ist mir das Wichtigste an einem Lokal"
Jung, experimentierfreudig	Älter, gesetzter, konservativer

Angelehnt an: Salcher, E. F. (1995). Psychologische Marktforschung (2. Aufl.). Berlin, New York: de Gruyter

BESCHAFFUNG DER INFORMATIONEN

Kundenbedürfnisse lassen sich am besten direkt an der Quelle beschaffen.

Meistens ist der Kunden erfreut darüber, wenn sich das Unternehmen, wo er einkauft sich für ihn und seine Meinung interessiert. So lassen sich Befragung und Kundenbindung sehr gut miteinander verbinden.

Informationen lassen sich aber auch aus Veröffentlichungen der Verbände (Kammern), Berichten, Studien und Fachzeitschriften beschaffen bzw. sind sie eine gute Ergänzung zu den Face-to-Face-Interviews.

Nutzen Sie als Quelle Ihre Kundenkartei und sprechen Sie mit Ihren MitarbeiterInnen, die im direkten Kundenkontakt stehen.

ARBEITSBLATT – MERKMALE MEINER ZIELGRUPPEN

Notieren Sie spontan alle möglichen Zielgruppen, die Ihnen beim ersten Nachdenken einfallen.

Welcher Zielgruppe kann ich den größtmöglichen Nutzen bieten (Hauptzielgruppe)?

Beschreiben Sie die Hauptzielgruppe möglichst genau an Hand von konkreten Merkmalen:

MERKMAL – VORTEIL – NUTZEN

Sie müssen Ihren Kunden die Produkteigenschaften/-merkmale in konkreten Kundennutzen übersetzen können. Hilfreich beim Übersetzen von Produktmerkmalen sind folgende Formulierungen:

das bringt Ihnen.....
das garantiert Ihnen.....
das verbessert Ihre.....
das spart Ihnen.....
damit senken Sie.....

Erst wenn Kunden den Nutzen für sich erkannt haben, dann werden sie auch zum/r Käufer/in werden.

Die Kunden suchen den Nutzen, daher muss dieser im Verkaufsgespräch auch als erster gebracht werden (natürlich in der Sprache des Kunden). Danach erfolgt die Beschreibung des Merkmals mit dem der Nutzen erreicht wird. Als Verstärkung werden zum Abschluss noch die Vorteile genannt.

Beispiel

Produkt	Merkmal	Vorteil	Nutzen
	Eigenschaften des Produktes	Das hat den Vorteil, dass	Das bedeutet für Sie...
Training	Bearbeitung von praktischen Beispielen der Teilnehmer	die Theorie sofort mit der eigenen Praxis verbunden wird	die Teilnehmer individuelle Antworten erhalten und das Gelernte umsetzen können
Auto mit großem Kofferraum	1000 l Fassungsvermögen des Kofferraums	der Kunde viel transportieren kann	Bequemlichkeit und Zeitersparnis
Massage	30 Minuten Sportmassage	der Kunde in kurzer Zeit entspannt ist	Wohlbefinden und bessere Leistungsfähigkeit

Tipp

Von den Kunden wird „neu" nicht unbedingt als nützlich eingeschätzt. Genauso sieht nicht jeder Kunde sofort in den Produktmerkmalen auch einen Nutzen für sich. Wenn er einen Nutzen sieht, muss er deswegen nicht zum Käufer werden.

ARBEITSBLATT – MERKMAL-VORTEIL-NUTZEN-MATRIX

Versetzen Sie sich in die Lage Ihres Kunden. Denken Sie aus seiner Sicht!

Produkt	Merkmal	Vorteil	Nutzen
	Eigenschaften des Produktes	Das hat den Vorteil, dass	Das bedeutet für Sie, dass

SERVICELEISTUNGEN SCHAFFEN MEHRWERT FÜR DEN KUNDEN

Für den Dienst am Kunden sind Serviceleistungen eine zentrale Möglichkeit, um Kundenbedürfnisse zu befriedigen.

Damit aber das viel strapazierte Schlagwort „Serviceleistung" nicht zur leeren Worthülse verkommt, möchte ich Ihnen an Hand eines (fiktiven) Beispiels kurz erläutern, was ich darunter verstehe.

Nehmen wir an, dass wir Schankanlagen für Gastronomiebetriebe herstellen und vertreiben. Eine umfassende Serviceleistung beginnt bereits beim Verkauf und bei der Lieferung.

Unser fiktives Unternehmen möchte sich aber ganz besonders durch ein Servicepaket nach dem Kauf von der Konkurrenz differenzieren.

Wir wollen unserem Kunden einen außergewöhnlichen Garantie- und Reparaturdienst anbieten. Natürlich müssen die beim Verkauf gemachten Versprechungen auch tatsächlich eingehalten werden.

Für unsere Kunden ist es von essentieller Bedeutung, dass die Schankanlagen tadellos funktionieren. Ist dies nicht der Fall, dann wirkt sich das sofort auf die Zufriedenheit der Gäste unserer Kunden aus.

Sollte eine Anlage an einem gut besuchten Wochenende ausfallen, wäre es für den Kunden extrem unbefriedigend, wenn unser Kunden- und Reparaturdienst erst am Montag den Schaden beheben kommt und Ersatzteile erst bestellt werden müssen und viel später eintreffen und eine 2. Anfahrt des Technikers notwendig machen.

Daher garantieren wir einen 24-Stunden-Notfallsdienst von Montag bis Sonntag, hohen Ausbildungsstand unserer ServicemitarbeiterInnen, gute Ausstattung unserer Servicefahrzeuge mit Ersatzteilen.

Der Nutzen für die Gastronomiebetriebe zeigt sich aber erst im Ernstfall.

Ein Schaden kann rasch behoben werden, weil die Ausbildung der Mitarbeiter stimmt. Weil die Ausstattung der Servicefahrzeuge mit Ersatzteilen umfangreich ist, können in den meisten Fällen bereits beim ersten Einsatz die Probleme behoben werden.

Bei einem hohen Niveau an Serviceleistung muss auch nicht über den Preis argumentiert werden. Eine Anlage, die dem Kunden ausfällt und einige Tage länger stillsteht, weil die Ersatzteile fehlen, kostet dem Kunden rasch mehr, als ein paar Prozent Ersparnis beim Kaufpreis.

Natürlich muss ganz genau geklärt werden, welche Service- und Reparaturdienstleistungen ein Lieferant anbietet. Hier muss es eine genaue Übereinstimmung mit den Bedürfnissen Ihrer Kunden geben.

Beispiel

Kriterien für Serviceleistungen können sein:

Ausbildungsstand der MitarbeiterInnen

zeitliche und geografische Verfügbarkeit

Größe und Umfang des Ersatzteillagers

Dauer der garantierten Ersatzteilversorgung nach dem Kauf (z.B. > 10 Jahre)

Anzahl und Ausstattung der Servicefahrzeuge

KUNDENUTZEN UND KONKURRENZ – WIE UNTERSCHEIDEN SIE SICH?

Jede/r UnternehmerIn wird versuchen den Kunden einen möglichst großen Nutzen mit seinen Produkten und Dienstleistungen zu bieten.

Wir leben in Märkten in denen die meisten Produkte leicht durch die Produkte unserer Mitbewerber austauschbar sind, daher ist es von besonderer Bedeutung, dass Sie einen höheren oder anderen Nutzen bieten, als Ihre Konkurrenten. Hier zählt wiederum, dass Sie sich in die Rolle des Kunden versetzen! Es zählen nur die Wünsche und Erwartungen des Kunden.

Grundsätzlich gibt es folgende Merkmale, durch die Sie sich von der Konkurrenz unterscheiden können (Alleinstellungsmerkmale):

zeitliche und räumliche Flexibilität

Serviceleistung

Beratung

Kommunikation in der Sprache der Kunden

Spezielle Zusatzqualifikationen des Leistungsanbieters

Zielgruppe, die von der Konkurrenz nicht beachtet wird

Standort, der für die Mitbewerber nicht interessant ist

Der Preis als Alleinstellungsmerkmal ist auf Dauer kaum erfolgsversprechend. Besonders größere Mitbewerber können einen Preiskampf leichter durchstehen, als ein Einzel- oder Kleinunternehmer.

In der Kommunikation mit dem Kunden muss der Mehrwert für den Kunden in den Vordergrund gerückt werden.

Um die Austauschbarkeit mit den Produkten der Konkurrenten zu vermeiden, muss klar kommuniziert werden, wo der besondere Nutzen Ihres Produktes oder Ihrer Dienstleistung ist.

Erst der Unterschied erzeugt bei den Kunden die kaufentscheidende Information. Der Mehrwert, der Nutzen muss dem Kunden bei jeder Information förmlich in die Augen springen.

Mögliche Alleinstellungsmerkmale
eine neuartige, innovative Produkteigenschaft

neuartiges Konzept als Kombination von Produkt und Dienstleistung

Längste Lebensdauer

Beschleunigung des Arbeitsprozesses

Umfassendste Kundendienstleistungen

ausschließlicher Einsatz umweltverträglicher Materialien

besonders nutzerfreundliches Bedienkonzept ("user interface")

Beispiele

Zahnarztpraxis mit sehr langen Öffnungszeiten (Mo – Fr von 7:00 bis 24:00 und an Wochenenden und Feiertagen von 09:00 bis 19:00 Uhr).

Zahnarztpraxis, die Ihre Patienten per SMS/Mail über Folgetermine oder jährliche Kontrolltermine erinnert.

Frisör bietet Stilberatung (Farb-, Bekleidung- und Frisurberatung) bei Erstbesuch gratis an.

KFZ-Werkstätte bietet über das Internet Informationen, wie der Status der Reparatur des Autos ist.

KFZ-Werkstätte möchte sich speziell für Frauen attraktiv gestalten (spezielle Angebote, Gestaltung der Kundenbereiche, Kids-Club,...).

Mobiler Fahrrad-Reparatur-Service, der zu seinen Kunden nach Hause kommt mit einem gut sortierten Ersatzteile-Lager und allen notwendigen Werkzeugen.

Ein Fensterputzer, der mit dem Fahrrad zu seinen Kunden fährt mit allen nötigen Materialien (umweltfreundlich). Im Preis sind alle Materialien und Mittel inbegriffen, die Kunden brauchen grundsätzlich nichts bereitzustellen, auch nichts vorab wegzuräumen.

WAS HAT DIE KONKURRENZ FÜR STÄRKEN UND SCHWÄCHEN?

Nicht nur die Sicht aus der Position Ihrer Kunden ist wichtig, Sie müssen sich auch klar werden, welchen Vorteil Sie gegenüber dem Wettbewerb haben. Dazu müssen Sie wissen, was Ihr Mittbewerber macht.

Wo können Sie nun Informationen über Ihren Mitbewerber einholen?

Suchen Sie im Internet nach vergleichbaren oder ähnlichen Lösungen
Besuchen Sie Messen oder Produktpräsentationen
Gehen Sie direkt zur Konkurrenz und lassen Sie sich beraten
Holen Sie Angebote der Konkurrenz ein

Konzentrieren Sie sich dabei nicht nur auf die Schwächen Ihrer Konkurrenten und deren Produkte. Eine fremde Schwäche ist nicht automatische Ihre Stärke. Nur weil der Mitbewerber Schwächen hat, wird der Kunde nicht automatisch zu Ihnen kommen.

Suchen Sie auch gezielt nach Stärken Ihrer Mitbewerber. Daraus können Sie ableiten, wo sich Sie weiterentwickeln müssen, wenn Sie Schritt halten wollen.

Nach einer fundierten Analyse des Mitbewerbers können Sie die Frage beantworten, worin Ihr Produkt oder Ihre Dienstleistung sich vom Angebot der Mitbewerber unterscheidet. Sie wissen, wo Sie Ihren Kunden Vorteile und Nutzen bieten, die das Konkurrenzangebot nicht hat.

Franz Bauer

ARBEITSBLATT STÄRKEN UND SCHWÄCHEN DER KONKURRENZ

Nennen Sie Ihre 5 größten Konkurrenten und beschreiben Sie deren bedeutsamsten Stärken.

Konkurrent	Stärken

FORMULIEREN SIE DAS ALLEINSTELLUNGSMERKMAL

Viele UnternehmerInnen formulieren Ihre USP viel zu sehr in Pauschalaussagen. Es sind zwar Superlative erlaubt und gewünscht bei der Wortwahl, aber es darf sich dabei nicht um Plattitüden handeln.

Nichtssagende und abgedroschene Redewendungen dienen oft mehr der Verschleierung, als dass sie helfen den Kundennutzen zielgenau zu transportieren.

Vermeiden Sie daher Aussagen, die Sie schon tausendfach gehört haben. Wenn Sie der einzige Anbieter mit einem bestimmten Vorteil sind, dann benennen Sie diesen ganz konkret.

Sonst sind sie der tausendste Anbieter, der beste Qualität, bestes Service zum günstigsten Preis anbietet.

Tipp

USP ist keine Betriebsanleitung

Fachausdrücke vermeiden

Schreiben Sie in der Sprache der Zielgruppe

Keine Pauschalaussagen verwenden

ARBEITSBLATT USP FORMULIEREN

Beschreiben Sie Ihr Alleinstellungsmerkmal.
Verwenden Sie die Sprache des Kunden.

ALLEINSTELLUNGSMERKMAL BEKANNT MACHEN – PUBLIC RELATIONS

Ist die Zielgruppe bekannt und der USP formuliert, dann muss das Alleinstellungsmerkmal noch bei der Zielgruppe bekannt gemacht werden.

Handelt es sich um eine echte Innovation oder der Nutzen für die Zielgruppe stellt einen echten Mehrwert dar, dann werden Sie auch leicht Zeitschriften und Zeitungen finden, die gerne einen Artikel darüber schreiben wollen.

Tipp

Das beste Medium ergibt sich quasi automatisch aus der Zielgruppendefinition.

Beispiel

Liegt der Zielgruppenschwerpunkt auf einem geografischen Merkmal, dann eignen sich am besten regionale Zeitungen und Zeitschriften.

EPILOG

Wenn Sie sich nicht auf einen ruinösen Preiskampf einlassen wollen, dann sollten Sie auf Mehrwert und Nutzen für Ihre Kunden setzen.

Die Kunst liegt nun darin, dass Ihr Angebot tatsächlich einen Mehrwert für Ihre Kunden hat und dieser auch wahrgenommen wird.

Dazu müssen Sie die Einzigartigkeit Ihres Produktes/ Dienstleistung entsprechend kommunizieren, dann wird auch der Preis nicht mehr die zentrale kaufentscheidende Rolle spielen.

Analysieren Sie die Bedürfnisse Ihrer Kunden!

Schaffen Sie Mehrwert für Ihre Kunden!

Bieten Sie einzigartige Leistungen, die Sie vom Mitbewerber unterscheiden!

LITERATURVERZEICHNIS

Kotler, Philip u.a.: Marketing-Management. Strategien für wertschaffendes Handeln: Analyse, Planung, Umsetzung und Verwirklichung, 12., akt. Aufl., Verlag Pearson Studium, München 2007

Meffert, Heribert und Bruhn, Manfred: Dienstleistungsmarketing. Grundlagen - Konzepte - Methoden. Mit Fallstudien, 5., überar. u. erw. Aufl., Verlag Gabler, Wiesbaden 2006

Nieschlag, Robert u.a.: Marketing; 18., durchges Aufl., Verlag Duncker & Humblot GmbH, Berlin 1997

Schierenbeck, Henner: Grundzüge der Betriebswirtschaftslehre, 16., völlig überarb. u. erw. Aufl., München, Wien, Verlag Oldenburg, München 2003

Wöhe, Günter u.a.: Einführung in die Allgemeine Betriebswirtschaftslehre, 22., überarb. Aufl., Verlag Vahlen, Mü.

www.ingramcontent.com/pod-product-compliance
Lightning Source LLC
Chambersburg PA
CBHW072049190526
45165CB00019B/2227